¡Sssssshhhhhhhhhh!

Haz del teatro algo íntimo

Llévalo siempre en el bolsillo

Cubierta y diseño editorial: Éride, Diseño Gráfico
Dirección editorial: ángel jiménez
Coordinador de la colección: Javier Llanos

Primera edición: julio, 2024

Tiresias
© Joan Espasa
© Carlota Ferrer / José Manuel Mora
© VdB, 2024
Espronceda, 5
28003 Madrid

VdB®

ISBN: 978-84-19850-66-9
Depósito Legal: M-15949-2024
Diseño y preimpresión: Éride, Diseño Gráfico

Este libro protege el entorno

Tiresias

Esta obra se representó dentro de la programación
de la 70a edición del Festival Internacional
de Teatro Clásico de Mérida.

Dirección: Jesús Cimarro.

Joan Espasa (Madrid, 1976)

Tras licenciarse en Filología Clásica en la UCM y obtener el título de profesor de clarinete, amplía sus estudios en la Sorbona (París), donde realiza los cursos de doctorado y obtiene el DEA en Literatura Griega. Posteriormente ha cursado Dramaturgia en la RESAD, donde se licenció en 2006. Es autor, entre otras, de las obras, *El corazón de Ofelia: últimas horas de Macbeth en el bosque desnudo de Birnam, La noche del millón de mundos, Códigos y Medea: usted decide.* También es miembro del colectivo de improvisación libre *maDam* y colaborador del fanzine *klof* y el programa de Radio Vallekas *Perro Flaco.*

Carlota Ferrer (Madrid, 1976)

Artista multidisciplinar, actriz, directora de escena, ayudante de dirección, coreógrafa y entrenadora de actores. Licenciada en Dramaturgia y Dirección de Escena por la RESAD compatibilizó sus estudios de dirección con su faceta de actriz en el Teatro La Abadía. En 2017 la nombran directora artística del Corral de Comedias de Alcalá de Henares y en 2019 directora del Festival de Otoño de Madrid.

José Manuel Mora

Autor, dramaturgo y director de la Escuela Superior de Arte Dramático de Castilla y León. Licenciado en Dramaturgia y Dirección de Escena por la RESAD, ha completado su formación teatral en ciudades como Londres, Berlín y Ámsterdam. Sus obras, traducidas al inglés, francés, italiano, alemán, polaco y serbio, han sido estrenadas en el Centro Dramático Nacional, Teatro Español de Madrid, Royal Court Theatre en Londres, Berliner Festspiele und Theatertreffen en Berlín o en TR Warszawa en Varsovia.

Joan Espasa

con la colaboración de

Carlota Ferrer y José Manuel Mora

Tiresias

Esta función se estrenó en el Teatro Romano de Mérida
el 14 de agosto de 2024, interpretada por Anabel Alonso (Tiresias),
Carlos Beluga (Zeus/Mensajero 2/Ulises/Dioniso),
Alfredo Noval (Narciso/ Edipo/Hemón/Penteo),
Ana Fernández (Hera/Ágave/Yocasta/Ismene),
Carlota Ferrer (Manto/Antígona/ Atenea),
Paula Mendoza (Eco/Mensajero 1)
y Alberto Velasco (Cariclo/ Cadmo/ Creonte/ Pastor)

Dirección: Carlota Ferrer.

Cuando los cálculos complicados resultan falsos,
cuando los filósofos no tienen ya nada que decirnos,
es excusable volverse hacia el parloteo fortuito
de las aves, o hacia el lejano contrapeso de los astros.

Margarite Yourcenar,
Memorias de Adriano, trad. Julio Cortáazar.

Dramatis personae

TIRESIAS
MANTO
NARCISO
ECO
ATENEA
CARICLO
ZEUS
HERA
CADMO
PENTEO
ÁGAVE
DIONISO
EDIPO
CREONTE
YOCASTA
MENSAJERO 1
MENSAJERO 2
PASTOR
ANTÍGONA
ISMENE
HEMÓN
ULISES

I.
De cómo Tiresias consiguió el don de la adivinación.

TIRESIAS   Soy Tiresias:
Un ser sin sol.
El hombre mujer.
El que separó serpientes que luego le
                    [lamieron los tímpanos.
Tiresias: sabio, sosegado y sin vista.
El que solo mira atrás en los infiernos.
De la estirpe de las sierpes,
De los dientes del dragón.
Cansado de saber.
Oráculo de sombra.
Un saco de vicios inconfesables que superé
                    [por necesidad más que por virtud.

Les diré que con los años –y yo tengo ya para
regalar– se pierde la noción de vicio/virtud
y el sabor a podrido se atenúa con especias
y la contemplación del paisaje. Con los años
tuve que abandonar mis desvaríos, pero eso
quedará en secreto. Ningún manipulador del
discurso se interesó por mi juventud, al menos ninguno que atravesara los siglos que
nos separan.

A lo largo de siete generaciones me hice una
capa oxidada con la que soportar el desdén

violento con el que mis coetáneos pagaron las verdades. Lo van a ver, van a ver cómo se revuelven los poderosos ante mis augurios cuando no les cuadran, cómo ladran ante mis consejos cuando no coinciden con su querer.

(NARCISO *se ejercita no muy lejos; es guapo y lo sabe, desprecia a todos los que se le acercan por no estar a su nivel.*)

A veces se revela una verdad y duele demasiado, porque hay verdades que todos guardamos en arcones de mil llaves para no levantarnos la tapa de los sesos, para estar a salvo del ridículo y la miseria que nos acecha. Pero el tiempo pasa para todos y, o aprendemos a vivir con esas verdades, o tarde o temprano nos encontraremos con el más absurdo de los sufrimientos. Yo preferí mirar de cara al dolor y así aprender pronto mis escondites del alma.

Ser mujer me entrenó contra el desprecio de los hombres, pero nunca se aprende del todo. Sí, he sido mujer, y eso también me ha traído problemas, además de un parto.
El parto, Dios, el parto, quien lo probó lo sabe,
[¿verdad?
He visto el mundo con dos almas sin
[volverme completamente loca.
He sido la tierra que el cielo oprime y el
[cielo que a la tierra abraza.

He visto pasar decenas de banderas y leyes,
ejércitos y pandemias, exaltaciones y apoca-
lipsis, y aquí sigo con las migajas de una irre-
ductible esperanza.
Como si al final la verdad tuviera un sentido
y pudiera abrirse paso.

Hoy veréis las tragedias que anticiparon mis
[ojos ciegos del alma.
Pero antes, déjenme ser viejo y que les cuente
[cómo conseguí el don de la adivinación.

Por separar dos serpientes copulando me con-
vertí en mujer. Mis siete años de mujer fueron mis únicos años heroicos. Gocé, me en-
cantaba el sexo, y gozaron conmigo. También
me insultaron y me desgarré la vagina en el
parto, sí, porque me quedé embarazada y tuve
una hija, Manto, que no se agarraba a la teta
y me irritó los pezones y mira que me ponía
crema de lanolina e iba con las tetas al aire
para aliviar el escozor, pues nada… me hubiera arrancado los pechos, pero luego la veía allí,
cogía su cuerpo suave y relajado y me entraba
una paz… la veía dormir y lloraba de alegría.
Manto, hija, ven, necesito tus ojos.

MANTO   ¿Cómo sabes que era yo?

TIRESIAS   Por la cadencia de tus pasos. No perdí el oído.

(*Una mujer despreciada por* NARCISO *le incre-
pa:*)

11

MUJER   Ojalá algún día sepas lo que es no ser correspondido. «Ojalá que un día llegues a amar de este modo y jamás goces de ser amado».

TIRESIAS   ¡Hija mía, mira ese muchacho! Es Narciso: la primera persona a la que auguré el porvenir.

MANTO   Es guapísimo.

TIRESIAS   Ser guapo saca el peor vicio en los demás, la envidia. Además, él ni siquiera lo sabe. En lo más profundo de su corazón se siente feo, por eso es incapaz de reconocerse y de amar todo lo que no sea él. Nunca les vas a gustar, Manto, serás siempre peor espejo que las aguas en que se deleitan.

MANTO   ¿De quién hablas?

TIRESIAS   De ese chico, de cualquiera que te reclame. Te pedirán augurios, pero no querrán escucharlos si no les son propicios. Te insultarán, te llamarán agorera, bruja, estrafalaria, vendida, loca, corrupta, terrorista.

(NARCISO *en el estanque que será su tumba. La ninfa* ECO *se acerca.* NARCISO *siente su presencia y se gira molesto por abandonar su propio reflejo en las aguas.*)

NARCISO   ¿Hay alguien aquí?

ECO   Aquí.

NARCISO	¡Eco! ¡Cállate, no te quiero!
ECO	¡Te quiero!
NARCISO	Retira esos brazos que me enlazan; antes muero que entregarme a ti.
ECO	Entregarme a ti.
NARCISO	Vete. Déjame en paz.
ECO	Paz.
NARCISO	Adiós.
ECO	Adiós.
TIRESIAS	Hija mía, no es tan importante el amor como tener un sitio al que poder volver mientras vivas. (NARCISO *muere y* ECO *queda petrificada.*) Ya lo siento.
MANTO	¿Qué es lo que sientes?
TIRESIAS	En el fondo de mi corazón siento ser tu padre.
MANTO	¿Por qué dices eso? Me has dado la vida, el hecho de vivir en sí mismo, es maravilloso.
TIRESIAS	Y que hayas heredado mi don. Eso es lo que siento.

MANTO ¿Te rindes? ¿Luchar por la vida no es suficiente? Hay algo tan inevitable como la muerte, la vida. Pienso en el poder que hay en el universo, hace que la tierra gire y que crezcan los árboles y ese poder está en nosotros, solo hace falta el coraje y el deseo de usarlo. Yo soy feliz porque con ese don que ahora desprecias puedo reparar una parte del mundo.

TIRESIAS Con él no podrás hacer nada más que ver lo inevitable.

MANTO Y tratar de evitarlo. De eso se trata.

TIRESIAS No está en tu mano. Siento decírtelo.

MANTO Que no lo hayas conseguido tú, no quiere decir que yo no pueda lograrlo.

TIRESIAS Tu ingenuidad me conmueve.

MANTO Padre, yo aún tengo esperanza.

TIRESIAS Si los hombres no son capaces de distinguir el error de sus vidas.

MANTO Pero podemos hacerles ver que están precisamente en un error.

TIRESIAS No lo aceptarían, Manto, porque entonces se verían obligados a derribar el edificio sobre el que construyeron sus vidas.

MANTO	¿Y entonces, quieres decir que no hay manera de evitar el sufrimiento?
TIRESIAS	Quiero decir que antes de pensar en reparar el mundo, tendríamos que repararnos a nosotros mismos. De lo contrario, solo estamos contribuyendo a que el sufrimiento siga creciendo a nuestro alrededor. Hemos de reconstruirnos.
MANTO	¿En soledad?
TIRESIAS	Sí, una parte de nuestro crecimiento ha de ser realizado en soledad; en presencia del aire, el fuego, la tierra y el mar.
MANTO	No te entiendo.
TIRESIAS	Todavía es pronto para entender ciertas cosas. Pero frente al sufrimiento –que solo es causa de nuestras acciones visibles e invisibles–, sí hay algo a lo que podemos aferrarnos: la belleza.
MANTO	Sufres por mí, ¿verdad?
TIRESIAS	No quisiera que terminases tan sola como yo.
MANTO	No estás solo. Me tienes a mí.
TIRESIAS	Pero algún día tendré sed y tú me acompañarás a una fuente y me...

MANTO   (*Cortándolo.*) Entonces espero encontrar alguna compañía –si es posible una mujer hombre como tú– con la que poder disfrutar del vuelo de los pájaros. ¿Te sientes orgulloso de mí? Yo me siento orgullosa de tu capacidad de ver lo que nadie ve: en el fondo solo eres un artista. Pero no estoy segura si aprenderé a saber llevarlo. ¿Crees que me podré ganar la vida sin depender de nadie?

(MANTO *se dirige a la fuente y se convierte en* ATENEA.)

TIRESIAS   (*Se quita las gafas para limpiarlas.*) Las aguas, hija mía, las aguas y sus corrientes subterráneas… que, a veces, nos prometen un sueño sin mostrarnos el verdadero peligro que ocultan… déjame que te cuente algo: una vez tu padre vio desnuda a la diosa de la guerra, en una fuente de agua en el monte tortuoso... Atenea… era amiga de tu abuela y yo estaba por allí intentando dar caza a un corzo… No pude quitarle los ojos de encima. ¡Quién no ha sentido alguna vez de pequeño un extraño placer y cosquilleo en la parte baja del abdomen al ver desnuda a una amiga de su madre…! Yo, que por ese entonces tenía un cuerpo escultural, me acerqué a la fuente y una sed inextinguible dirigió mis pasos hasta la visión… ¡Ay, pobre Tiresias, que vio lo que no debe ser visto antes de la muerte!

16

ATENEA   Todo mortal que vea a un inmortal en contra
            de su voluntad debe perder la vista. Es ley di-
            vina, cariño, no está dado a los mortales ver
            lo que has visto. (*Extiende su brazo y le deja
            ciego.* CARICLO *recrimina a* ATENEA *con un len-
            guaje incomprensible.*) Está bien (*Le lame los
            oídos.*) Ahora podrás entender el lenguaje de
            los pájaros y obtendrás el don de la profecía.
            Toma (*Le da un bastón.*), con esto podrás ca-
            minar sin miedo. Y así vivirás largos años y
            tendrás luz sobre lo no acontecido, incluso
            después de muerto.

TIRESIAS   Lo que no consiga una madre ¿verdad? Has-
            ta después de muerto, me dijo, mantendrás tu
            don profético en el Hades. Pero la muerte en-
            tonces era cosa lejana, yo que siempre dije que
            no pasaría de los cincuenta y moriría tirado
            en una cuneta, delirios de juventud. Por en-
            tonces ni siquiera podía imaginar que mante-
            ner el don sería mi verdadero castigo.

HERA   No, no, no, no. Eso no fue así, Atenea, cari-
            ño, tú siempre queriendo atribuirte el mérito.
            Pero, no, no, no, no. Fui yo la que le cegué,
            perdona. No quieras apropiarte tú de todo...
            (*Desaparecen* ATENEA *y* CARICLO.) Mirad, en
            ese momento yo estaba discutiendo con Zeus,
            Dios del cielo y el trueno, el más infiel de los
            esposos, sobre quién disfrutaba más del sexo:
            si el hombre o la mujer...

            (*Gemidos in crescendo.*)

ZEUS   Tú.

HERA   Tú.

ZEUS   Tú.

HERA   Tú….

ZEUS   Tú, de largo

HERA   ¡Qué dices, si acabas siempre dormido con esa sonrisa idiota!

ZEUS   ¿Y qué tendrá que ver mi sonrisa si tú puedes tener mil orgasmos?

HERA   Sí, hombre… ¿y las veces que paso sin pena ni gloria?

ZEUS   Pero cuando lo gozas, disfrutas más que nadie, sin duda, no hay más que verte la cara y ese temblor del labio superior… y cómo se te ponen en punta los dedos de los pies.

HERA   Que te digo yo que no, Zeus, que tú estás muy equivocado, que yo finjo muchas veces porque lo que una quiere en un momento dado es acabar cuanto antes… porque, claro, vosotros tenéis siempre esa cosa del fuego extinguido y del disparo final, pero con nosotras… con nosotras hay que currárselo un poquito.

ZEUS	Pero vosotras tenéis el calor en la cueva, la plenitud del abismo.
HERA	¡Venga ya, Zeus! Ya está bien de tonterías. Tú lo que tienes es un trastorno de personalidad delirante.
ZEUS	¿Perdona? ¿Que yo deliro? Bueno sí, a veces deliro, ¿y qué? Al menos cuando yo me corro tú no tienes que ponerte tapones, porque vaya tela, Hera, lo que sueltas por esa boca cuando te corres.

(*Katársis orgásmica lírica.*)

HERA	Habló el que deja a las amantes fulminadas.
ZEUS	Ya estamos con que Zeus fulmina…
HERA	¿Qué, no es verdad? ¿Qué pasó con Semele? ¿Por qué llevaste a Dionisio en el muslo? Porque la dejaste a la pobre allí clavada cuando todavía estaba de cinco meses.
ZEUS	Aquello fue por tu culpa, que te entran los celos y enloqueces, y además eso no tiene nada que ver con lo que estamos hablando.
HERA	Qué fácil, ¿no? Yo la loca. Pues claro que tiene que ver; te da tanto placer que lo buscas hasta con mortales… Pero basta, no quiero

seguir discutiendo. Llamaremos a quien conoce la respuesta mejor que nosotros. Llamaremos a Tiresias que fue hombre y mujer.

ZEUS   Está bien.

TIRESIAS   Así que subí al Olimpo como quien baja al Hades.

HERA   Dinos, oh venerado Tiresias, tú que has sido hombre y mujer. ¿Quién obtiene más placer en el sexo?

TIRESIAS   ¿En serio?

HERA   ¿Tú me ves cara de broma?

TIRESIAS   No, señora, pero temo no acertar mi respuesta.

ZEUS   No tienes que acertar, hombre, solo tienes que decirnos la verdad.

TIRESIAS   La verdad... ¿Y qué pasará?

HERA   Queremos escucharte.

TIRESIAS   Ya, pero qué pasará luego, si no les gusta mi verdad.

ZEUS   Habla de una vez, hombre, que no te corresponde a ti preguntar a los dioses.

TIRESIAS   Está bien. Yo diría que si el placer sexual se pudiera dividir en diez partes, nueve serían para la mujer y una para el hombre.

HERA   ¡¿Cómo?!

(*Le deja ciego.*)

ZEUS   ¿Lo ves? ¡¿Qué haces?!

HERA   Enseñarle a no mentir.

TIRESIAS   No mentía.

HERA   ¿Quieres quedarte mudo también?

ZEUS   ¡Basta ya! Ven, Tiresias, toma. (*Le da el bastón.*) No puedo deshacer los males que mi mujer te ha hecho, pero te daré una larga vida y la capacidad premonitoria más notable que jamás se haya visto en Tebas. Ahora, corre, sal, que Hera tiene muy mal perder.

HERA   Queridos mortales del futuro pero si estabais ahí, viéndolo todo… mirad que os dejo ciegos. (*Ríe.*) Es verdad lo que ha dicho ese viejo. Es verdad. A las mujeres, nuestra profunda sensibilidad nos hace percibirlo todo, absolutamente todo: cada roce en la piel, por pequeño que sea, por insignificante que pueda parecer. Yo, una vez, tuve un orgasmo, os lo confieso, caminando por la arena de la playa, al

sentir cada granito de arena caliente bajo mis pies… como tengo los pies planos tengo una amplia superficie de sensibilidad, algo bueno tenía que tener caminar como los patos… Y, ¿qué me decís de los chorros escurridizos y calientes de las termas? No hay nada como sentirlos entre los muslos, me refiero a los chorros de agua, y que la presión se vaya haciendo paso, poco a poco, entre el hueco y recorriendo los labios… y ya no digo más que me estoy pasando… Confesaré que a veces no hace falta el tacto, solo mirar... No, no me tiréis de la lengua...Mirad a las ninfas.
Jugueteando.
En el agua.
Con los pezones duros. Las pieles doradas.
Por el sol.
Y sus labios carnosos.
Riendo enseñando sus perlas.
Ahh. Me encanta, me encanta, me
       [encantaaaaaa.
¿Y qué me decís del sudor que recorre el hueco entre los pechos de los cazadores cuando salen de caza con sus imponentes... ¡arcos!? Aun así, también os digo que, por supuesto, yo negaré todo lo que aquí se ha dicho. No, no. No lo voy a reconocer y que gracias a eso Zeus tenga una justificación para sus constantes infidelidades. Es que como siente menos necesita más cantidad, dice.
Además, ese viejo de Tiresias ha tenido su merecido, hay verdades que no hay por qué revelar.

TIRESIAS   Ahora sí, ya no hay truco que me devuelva los
            ojos, ahora soy Tiresias para cabalgar trage-
            dias sin espada, para golpearme contra esa pa-
            red rocosa que es la mente humana. Hay ver-
            dades que conviene no revelar ni a mortales
            ni a dioses. Quiero que ahora veáis lo que acon-
            teció a los tebanos por no querer aceptar la vi-
            sión de un anciano profeta.
            Que no decaiga la tragedia.
            Manto, hija, ven, necesito tus ojos.

MANTO   Pero si no me he movido de tu lado…

II.
De cómo el don de Tiresias se convirtió en su verdadera tragedia.

TIRESIAS   Mi ceguera fue el castigo, dicen, pero el don estaba tan envenenado como los ojos de Narciso. ¿De qué sirve, decidme, saber lo que va a pasar, si no hay cura ni remedio? ¿De qué sirve predecir el fin del mundo si quienes lo destruyen te llaman vendido con sus cien mil altavoces dorados? El único consuelo, pero es de adivino de medio pelo, es el célebre «te lo dije», pero, créanme, no da placer, y menos si la predicción fue una desgracia. Está el morbo de permanecer junto a alguien justo en el momento de escuchar una verdad que todo lo cambia, pero eso es un vicio mío. Lo único que queda de verdad es ser uno, no tener que venderse.

Bacantes

(*El anciano* CADMO *se acerca coronado de hiedra y con tirso, alegre por ir a celebrar al dios Dioniso.*)

CADMO   Tiresias, viejo amigo, toma esta corona de hiedra y trae que te haga de esto un tirso. (*Añade hiedra a su bastón.*) Hoy toca celebrar al nuevo dios venido de Asia, que nos trae secretos sagrados de la tierra. Espero que no seamos los únicos en bailar por Baco este día.

TIRESIAS   La razón suele tener esa manía de dejarnos solos. Es la triste locura de estar cuerdos, pero hoy la celebraremos, claro que sí. Bien lo merece el dios que nos dio a conocer el cultivo de la vid y su dulce metamorfosis en vino.

CADMO   ¿Con quién hablabas?

TIRESIAS   Nada, a veces me gusta imaginar que hay gente y contarle mi vida al primero que me encuentro…

CADMO   ¿Y de qué hablas?

TIRESIAS   No sé… de lo que me venga a la cabeza.

CADMO   Por ejemplo.

TIRESIAS   Por ejemplo, a ver, que los hombres serán tantos que no sabrán vivir sin destrozar la tierra, y hablo ante seres del futuro y les digo que sus máquinas harán un agujero en el cielo y contaminarán las aguas, que tendrán que explotar y dejar morir a sus iguales y hacer como quien no se da cuenta, que acabarán dominados por una ínfima minoría que se habrá hecho con casi todo.

CADMO   Madre mía, la alegría de la huerta.

TIRESIAS   Bueno, una vez vi bien claro que llegaríamos a la luna. Que se construirían palacios en Marte.

CADMO   Tú ya te has entonado ¿no? No te culpo, a veces hace falta vino para poder soportar esta ciudad. Por ahí viene mi nieto Penteo y no trae cara de muchos amigos.

PENTEO   ¿Pero vosotros también? ¿Se os ha ido la cabeza con la edad o qué? Salgo de Tebas unos días y resulta que las mujeres se han echado al monte para hacer fiestas báquicas y bailar en honor a un dios extranjero, un charlatán, un brujo venido de Lidia que infunde el vicio y la desmesura.

TIRESIAS   Cuidado, Penteo, detén tu lengua, no sea que tengas que arrepentirte.

PENTEO ¿Tú qué, has convencido a mi abuelo para hacer el ridículo a vuestros años?
¡¡Disfrazados de mujeres!! Tiresias, trayendo a esta nueva divinidad quieres ganar el salario de los sacrificios, pero te voy a cerrar el negocio. Ya di orden a los guardas de parar toda esta locura y pronto me traerán a ese maldito extranjero con las manos a la espalda.

TIRESIAS Esas locuras son delirios que el dios infunde, son proféticas y liberadoras. Guárdate tú, que eres hombre, de burlarte de sus misterios.

PENTEO Por ser mayor y por respeto a mi abuelo no te detengo aquí mismo. Pero has de saber que esta tierra no acepta el desacato ni el culto extranjero.

TIRESIAS Tienes la lengua rápida como si pensaras, pero en tus palabras la razón quedó muda. No será tu discurso el que me haga entrar en guerra contra el dios. Vamos, Cadmo, la danza nos espera. Lo siento por tu nieto, pero tiene el cerebro envenenado.

CADMO Haz caso a Tiresias, hijo, que no está en tu mano enfrentarte al dios. Ven, deja que te corone de hiedra y únete a nosotros para rendirle homenaje.

PENTEO ¿Qué haces? ¡Estate quieto! Se trata de un impostor y cuanto más llevo aquí, más claro veo el daño del que es capaz. Seguid la pista del forastero afeminado que ha traído una locura nueva a las mujeres y sus lechos ultraja. ¡Traédmelo de una vez, para que tenga su castigo!

TIRESIAS   Desgraciado, no sabes adónde te llevarán tus palabras. Llegáis al poder y enseguida queréis humillar al contrario con palabrería barata. Olvidáis que a quien servís es al pueblo y acabáis recogiendo el botín con vuestros socios carroñeros.

PENTEO   ¿Te callarás de una vez?

TIRESIAS   Sí, espera, que no he terminado; para que no os descubran vuestro corrupto pastel, creáis bulos e inventáis enemigos del pueblo frente a los que prometéis una protección que os seguirá enriqueciendo. Vendéis una seguridad envenenada.

PENTEO   Fuera, viejo, antes de que me arrepienta.

CADMO   Vamos, Tiresias, ya entrará en razón.

TIRESIAS   Tarde, amigo, entráis en razón siempre tarde.

(*Salen* TIRESIAS y CADMO.)

PENTEO   Las mujeres están borrachas o drogadas y hacen libaciones a Dioniso. También me parece ver a mi madre liderando las danzas. ¡Maldito dios! Cuando te coja te voy a... Lo que no parece es ninguna orgía al uso, desprenden una felicidad contagiosa, qué horror. En el despiste mis guardas han conseguido dar captura al dios y aparecerá aquí encadenado. Las bacantes han escapado como por arte de magia y los guardas están aterrados. Recordad, hijos, que más dulce es morir por la patria que por faltar a las órdenes de vuestro gobernante. Pero, ¿qué tenemos aquí? A un farsante extranjero. ¿Qué crees que puedes traer a mis tierras? ¿Dónde te crees que estás? Aquí somos de costumbres. Aquí tenemos el panteón lleno. El dios lo ponemos nosotros.

DIONISO   No sabes qué haces, ni qué dices. Mi parte humana te confunde, pero bastará un gesto del dios para quitarme tus cadenas.

PENTEO   ¿Me amenazas, extranjero? Quizás tus ritos orgiásticos tengan mucho predicamento entre los bárbaros, pero has venido a Grecia y aquí las tradiciones se respetan.

DIONISO   Tú lo has dicho, he venido a Grecia, y aquí la divinidad se celebra y la sinrazón se combate.

PENTEO   Exacto. De entrada, te vamos a rapar esos ricitos y te vamos a encerrar en una celda.

DIONISO   El dios saldrá cuando le plazca.

PENTEO   Claro, cuando resurjas entre las bacantes y le invoques.

DIONISO En ese instante mismo, o en el que decida. No está en tu mano.

PENTEO ¿Y dónde está, si tanto se indigna?

DIONISO No eres consciente de tus palabras, ni de tus actos. No sabes quién eres.

PENTEO Soy Penteo, hijo de Ágave, gobernante de Tebas, mira qué fácil. Lleváoslo a la celda oscura. Y traedme ya a esas locas que fueron al monte a honrar a este impostor.

DIONISO Pagarás cara tu soberbia.

(*Sale* DIONISO.)

MENSAJERO 1 (*Canta.*)
Señor, no sé si decir lo que he visto.

PENTEO Habla de una vez; no tienes nada que temer siendo servidor de la ciudad.

MENSAJERO 1 (*Canta.*)
No hay forma de apresar a esas mujeres,
ciertamente un dios las guía,
cazan con sus propias manos
y las serpientes lamen
sus mejillas mientras duermen. Un pastor
que trató de alcanzar a tu madre a punto estuvo de morir con un solo golpe de su tirso.
Un furor las invade, aunque nadie diría que

es algo impío. Ya nadie se atreve a obedecer tus mandatos.

(*Bebe vino.*)

PENTEO   ¿Qué haces? ¿Qué dices?
¿Tú también has ido a iniciarte en sus misterios?

MENSAJERO 1   Por algo no quería hablar en un principio.

PENTEO   Aparta, medio hombre, daremos caza a esas degeneradas y tendrán el castigo ejemplar que merecen.

CORO   Penteo sigue sordo
Y corre hacia su muerte
Mil presagios le avisaron
Para esquivar su suerte.

En el monte Citerón
Su madre le espera
Junto a las demás bacantes
Con hambre de aplacar las fieras.

(*Llegan* TIRESIAS *y* CADMO.)

TIRESIAS   Lo siento por ti, Cadmo, aquí la tragedia ya está hecha.

CADMO   No te pongas agorero. Toma vino, anda, brindemos por ese dios de bellos rizos que rejuvenece el alma. Brindemos por la luna.

TIRESIAS   Mejor, descansa, no tienes por qué ver a tu edad lo que viene ahora.

CADMO   ¿Descansar, dices? Me comería un venado y seguiría bailando al son del Evohé.

TIRESIAS   Lo sé, amigo, pero tu nieto no escuchó, tiene la dureza de oído típica del poder.

CADMO   Es joven.

TIRESIAS   Márchate, en serio, es tarde. (*Se oye a* ÁGAVE *acercarse ruidosa.*) Hazme caso.

(*Llega* ÁGAVE *con la cabeza de su hijo* PENTEO *clavada en su tirso.*)

ÁGAVE   Padre, mira qué buena presa hicimos. En verdad, Dioniso es un dios increíble; con solo la fuerza de nuestras manos dimos caza a esta fiera. ¿Pero dónde está mi hijo Penteo? Decidle que salga y vea con orgullo las gestas de su madre con la ayuda del dios, que se deje de remilgos y vea la grandeza de Dioniso.

CADMO   Pobre desgraciada. Todavía el furor te lleva.

ÁGAVE   ¿Qué dices, padre, no abrazas a tu hija orgulloso?

CADMO   En realidad son crueles los dioses e inhumanos sus castigos. ¿Qué crees que llevas en tu tirso?

TIRESIAS	No sigas, Cadmo. Tampoco ella tiene por qué verlo.
ÁGAVE	La cabeza del león que dimos caza. Tenías que habernos visto, aun desarmadas nada podía detenernos.
CADMO	El dios nos ha golpeado. Había que hacer justicia, pero esto…
ÁGAVE	¿A qué viene esa cara de funeral, por qué no puedes compartir mi dicha?
CADMO	Porque anticipo ya tu visión cuando el éxtasis descorra su velo y descubras la venganza con la que el dios nos ha aniquilado.
ÁGAVE	No te entiendo.
CADMO	Y ojalá nunca lo hicieras. Tenía razón Tiresias.
	(ÁGAVE *sigue sin entender.* CADMO *señala la cabeza de la lanza con sus ojos.* ÁGAVE *por fin entiende y la desgracia la devora. Antes de que grite la escena queda congelada.*)
TIRESIAS	En la tragedia las muertes pasan dentro. Algún avispado dice que es por la falta de medios, porque la muerte en escena siempre queda deslucida. Pero no es así, las muertes ocurren allí detrás porque vuestra imaginación es más fuerte. Porque el grito de Ágave no puede tener un sonido concreto, ¿qué música

podría haber para quien ha matado a su hijo sin saberlo? Bueno, sí, claro que podría sonar algo, pero no tendría el estruendo con el que la mente es capaz de llenar el silencio. Mi amigo Cadmo, y me alegro por él, no tuvo tanta vida como para ver las desdichas del más ilustre de sus descendientes, Edipo. Yo sí, claro... Manto, hija, ven, necesito tus ojos.

MANTO   Pero si no me he movido de tu lado...

TIRESIAS   Entonces has visto. A veces la palabra tarde cae como un meteorito pesado. Vamos, que no decaiga la tragedia.

Edipo

TIRESIAS   Aquí tienen a Edipo, preñado de desgracias que aún no sabe. Un sabio y buen gobernante lleno de agujeros oscuros.

Edipo, criado en Corinto a espaldas del destino.

Un día nació la sombra; un borracho le acusó en un festín de ser falso hijo de su padre. Edipo era joven, algo se encendió en su pecho y caló hondo, como si aquello arrastrara una verdad escondida. Primero pegó al borracho –tres dientes rotos y una herida en su nudillo–, después preguntó a sus padres, que no reconocieron haberlo adoptado.

Así que Edipo corrió a Delfos a consultar a Apolo.

Con tu madre habrás de unirte
Engendrando una prole intolerable
Y asesino de tu padre serás pronto.

Asustado por el cantar de Apolo, Edipo huyó de Corinto en destierro y fue a darse de bruces con la profecía.

Primero, en un cruce de tres caminos, se enzarzó con la comitiva de Layo (este sí, padre biológico). Quiso el destino calentar los ánimos y empezaron a desafiarse por ver

quién pasaba primero. Edipo acabó matando
a Layo y los suyos.
Todos menos uno.
Después llegó aquí, salvó a Tebas de la terri-
ble Esfinge, adivinando el famoso acertijo, y
el pueblo le acogió con mil honores. Su glo-
ria tuvo premio:
Un coctel de cicuta, arsénico y cianuro:
Gobernarás esta tierra, Edipo salvador,
Y aquí tienes una esposa digna de tu puesto
Yocasta, viuda de Layo.
Su mami.

Tebas está asolada por una peste pandémica.
Aquel otro desventurado, Creonte, ha ido a
consultar el oráculo y viene con noticias.

CREONTE   Alegraos, amigos, parece que nuestro mal pan-
démico tiene cura.

EDIPO   ¡Por fin! ¿Y qué debemos hacer?

CREONTE   Hay que borrar la mancha que asola nuestra
ciudad.

EDIPO   Y supongo que sabes cómo.

TIRESIAS   Los dioses exigen que las tierras mancilladas
con el asesinato de Layo sean purificadas con
el destierro del responsable del crimen.

CREONTE   Hay que encontrar al asesino de Layo, nuestro anterior gobernante.

EDIPO	¿Pero cómo es posible que quedara aquello sin castigo?
CREONTE	Teníamos a la esfinge con sus tormentos y tuvimos que mirar a lo más cercano, descuidando aquel misterio.
EDIPO	No va a ser fácil dar con la pista de una culpa tan antigua. ¿No hubo testigos?
CREONTE	Murieron todos en una emboscada, menos uno, un criado que no dijo más que fueron unos bandidos y pidió salir de Tebas y volver a ser pastor.
TIRESIAS	Esta vez pasa cerca la bala, pero no se da por aludido.
EDIPO	Pues no se hable más, ya libré una vez esta tierra de sus males y bien me conviene acabar con los asesinos de Layo, no sea que vengan en mi busca. ¿Por dónde empezamos?
TIRESIAS	Eso es, enciende la mecha, insensato.
CREONTE	Nadie como el adivino Tiresias para ofrecernos consejo.
TIRESIAS	Pronto tendré que salir y no quiero. De nada servirán mis palabras. Esa es mi tragedia, no estar ciego. Estar ciego, hasta cierto punto, es una bendición para no ver más la estupidez de este mundo.

EDIPO   Hagámoslo oficial: ciudadanos de Tebas. ¡Se busca al asesino de Layo! Todo aquel que tenga noticia de aquellos sucesos que acuda rápido a palacio. Incluso si tuvo parte en ellos, que no tema, pues se le dejará marchar en destierro sin riesgo de su vida. En cuanto a aquel que oculte algo, que no espere clemencia, que nadie le reciba en su casa ni cruce con él palabra, que caiga sobre él toda la peste que nos asola por culpa de sus males, que sea maldito y nadie rece a su lado. ¡Traedme al adivino!

TIRESIAS ¡Aquí me tiene, señor!

EDIPO   ¡Oh,Tiresias! Tú, que sabes interpretar todas las cosas, las que se saben y las que se callan. Las celestes y las terrenas. El oráculo dice que hay que encontrar al asesino de Layo. Si damos muerte a los culpables, la ciudad estará a salvo. Si algo sabes, no rehúses ni de las indicaciones de los pájaros ni de ninguna otra vía de adivinación a tu disposición. Habla sin miedo. Prestar ayuda es la más hermosa de las tareas.

TIRESIAS Preferiría no hacerlo.

EDIPO   ¿Puedes ayudar a la ciudad y prefieres quedarte callado?

TIRESIAS Pides algo que acabará contigo.

EDIPO   ¿De qué hablas, viejo?

TIRESIAS   Déjame ir, así los dos estaremos más tranquilos.

EDIPO   ¿Dejas sin consuelo a la ciudad que te crio? ¡Desgraciado!

TIRESIAS   Sabiendo yo la verdad, mejor callar mis desgracias, que son las tuyas.

EDIPO   ¿Quieres decir que sabiéndolo no lo vas a decir?

TIRESIAS   Todo llegará, aunque yo lo cubra con silencio.

EDIPO   Pues si ha de llegar, habla ahora mismo. No abuses de mi paciencia.

TIRESIAS   Enfurece si quieres, pero no hablaré. Mejor es no conocer cuando el saber no da ningún provecho.

EDIPO   ¿Puedes ayudar a Tebas y te niegas? ¿Acaso estás implicado en aquel asesinato? Bien pudiste haberlo tramado.

TIRESIAS   ¿Insinúas que este ciego asesinó a Layo?

EDIPO   Mucho callas diciendo saber, alguna maldad te guardas.

TIRESIAS   Mía ninguna.

EDIPO   Pues habla de una vez sin rodeos y ayuda a tu patria. ¿No ves que la peste nos hunde?

TIRESIAS   Está bien. Tú lo has querido: entérate de que eres tú quien lleva consigo un mal funesto. Tú eres el origen de la plaga que contamina esta tierra.

EDIPO   ¿Te atreves a hablarme así? ¿Crees que puedes escaparte por ser un viejo decrépito?

TIRESIAS   No te falta razón, decrépito y de tetas arrugadas, pero es la verdad la única que me tiene preso.

EDIPO   Habla de una vez, rancio agorero.

TIRESIAS   ¿No lo entendiste a la primera?

EDIPO   ¡Habla!

TIRESIAS   Tú mismo eres el asesino que andas buscando.

EDIPO   Viejo miserable, no dirás dos veces ese insulto.

TIRESIAS   Tú me forzaste a hablar. ¿Quieres que siga?

EDIPO   Di lo que te dé la gana, falso adivino, poco provecho hemos de sacar de tus calumnias.

TIRESIAS   Digo que, sin saberlo, estás en horrible trato con aquellos que más quieres.

EDIPO   ¿Piensas que no pagarás tus palabras?

TIRESIAS   No, porque es la verdad quien me asiste.

EDIPO   ¿A ti? Ciego estás de mente, alma y oídos.

TIRESIAS   Desgraciado, pronto caerán sobre ti todos esos reproches. Mis ojos del alma son ciegos, cierto, por eso no se deslumbran con el poder.

EDIPO   Vives envuelto en la noche. No puedes hacernos daño.

TIRESIAS   No es a mí a quien corresponde ajustar las cuentas contigo.

EDIPO   ¿Esto es cosa tuya o de Creonte?

TIRESIAS   No es Creonte tu enemigo, sino tú mismo.

EDIPO   Maldita envidia. El fiel y viejo Creonte urdiendo planes para hacerse con mi puesto. Porque tú de profecías pareces seco. ¿Dónde estabas cuando la Esfinge asoló la ciudad? Tuve que ser yo, con mi propia ciencia, sin mendigar a los pájaros, el que sacara a Tebas del mal. ¿Y ahora por un puesto cerca del trono de Creonte me vienes con estos cuentos? Si no fueras viejo y ciego…

TIRESIAS   Yo no sirvo a nadie y no tengo nada que ver con Creonte. Y ya que me acusas de ciego, recuerda que pronto serás tú quien camine entre tinieblas. No sabes quién eres, ni con quién estás, ni los engendros que has creado. Acúsanos a Creonte y a mí de lo que quieras, que no habrá mortal alguno que tenga que aguantar los tormentos que a ti te esperan.

(*Se acerca* CREONTE.)

EDIPO   Rata inmunda. ¿Tienes la desfachatez de venir después de echarme a los cuervos de ese agorero?

CREONTE   Ehh, ata los caballos, ¿qué delirio te ha cogido?

EDIPO   ¿No dijiste que Tiresias sabría aconsejarnos?

CREONTE   Sí.

EDIPO   Claro, para que me llamara asesino y despejar el camino de tu gobierno.

CREONTE   Lo que él dijera es cosa suya. Deja de acusarme de un plan invisible.

EDIPO   Seguro, y así se asegura un puesto de consejero a tu lado, una vez hayáis echado al extranjero, ¿no?

CREONTE   ¿Para qué iba yo a querer gobernar? Si gozo de los mismos privilegios siendo yo hermano de mi hermana, sin el miedo y las penalidades que conlleva la gobernanza.

EDIPO   Mientes, mientes, mientes, traidor embustero.

(*Entra* YOCASTA.)

YOCASTA   ¿Qué ha pasado? ¿A qué viene tanta cólera?

CREONTE   Lo siento, hermana. Me voy, no merezco esta sospecha.

EDIPO   Eso, huye, víbora miedosa.

YOCASTA   Pero, ¿me podéis decir qué pasa?

EDIPO   Tu hermano dice que soy un asesino.

YOCASTA   No es posible. ¿Mi hermano?

EDIPO   Lo dijo ese viejo ciego con el que conspira.

YOCASTA   ¿Tiresias? ¿Asesino de quién?

EDIPO   De Layo.

YOCASTA   Eso no puede ser, porque a Layo lo mataron unos bandidos en un cruce de tres caminos.

EDIPO   ¿Un cruce de tres caminos? ¿Qué cruce? ¿Cuándo fue aquello?

YOCASTA   Poco antes de venir tú.

EDIPO   ¿Dónde?

YOCASTA	Cerca de Delfos.
EDIPO	Dios, ¿estoy en tus manos?
YOCASTA	Miedo me das. ¿Qué te pasa?
EDIPO	¿Iba solo?
YOCASTA	No, con un séquito de cinco.
EDIPO	Dios. Dios. Dios. Dios. Dios. Cinco.
YOCASTA	Que no te atormenten ahora los oráculos.
EDIPO	Dios.
YOCASTA	También a Layo le dijeron hace tiempo que moriría a manos de su hijo y ya ves cómo murió.
EDIPO	¿Puedes traer a quien os dio la noticia?
TIRESIAS	Muchas veces he soportado insultos por noticias de las que soy simple mensajero. A los hombres la desgracia les ciega la mente. Pero, de todos, quizás este sea al que menos culpe por despreciarme. Es difícil concebir un plan tan enrevesado por parte de los dioses: a su padre Layo, una profecía le dice que morirá a manos de su hijo y para librarse da al bebé a un criado para que lo deje morir en el monte. Años después, él, Edipo, creyendo huir a su vez de otra profecía, acaba bordando su triste destino... La verdad es un negocio extraño,

no suele traer nada bueno, no da dinero a no ser que la perviertas y comercies con ella, pero te da el poder de saber quién eres. Podría ser rico de haber callado ciertas cosas o de haber vendido mis profecías al mejor postor, pero no sería Tiresias. Un mensajero de Corinto. (*Lo señala.*) Y no uno cualquiera…

MENSAJERO 2   Respecto a la noticia que voy a decir te alegrarás y apenarás de igual forma.

EDIPO   ¿Dé qué se trata? ¿Cómo puede tener ese doble poder?

MENSAJ. 2   ¡Edipo, ha muerto Pólibo, tu padre!

TIRESIAS   Tan fuerte es la sombra de la desdicha de Edipo que la muerte del padre, en vez de entristecerle, redobla su ilusión. Si su padre ha muerto, él ya no puede matarlo. Pero la crueldad de los dioses es certera…

MENSAJ. 2   Los corintios piden tu regreso para que gobiernes su patria.

EDIPO   Imposible.

TIRESIAS   Yocasta viene con un pastor de Tebas y no uno cualquiera.

MENSAJ. 2   ¿Cómo? ¿Renuncias a tal honor?

EDIPO   Aún temo al oráculo. Por eso hui.

MENSAJ. 2   ¿Qué oráculo?

EDIPO   Decía que he de yacer con mi madre.

MENSAJ. 2   Si eso es lo que te inquieta, yo puedo tranqui-
lizarte. Yo mismo te llevé, siendo un bebé, a
nuestra tierra.

EDIPO   ¿Qué dices?

MENSAJ. 2   Sí. De hecho, (*Al* PASTOR.) eres tú, ¿no? Fuiste tú. Han pasado muchos años, pero te re-
conozco.

(YOCASTA *da un grito sordo y huye.*)

EDIPO   ¡Yocasta! ¿Qué está ocurriendo? (*Al* PASTOR.) Y
tú, habla, ¿es cierto lo que dice este hombre?

PASTOR   No sé. Es verdad que han pasado muchos años.

TIRESIAS   Este sí tiene la lengua de esparto.

MENSAJ. 2   Pastoreábamos los dos en el Citerón, estuvi-
mos meses juntos. ¿No te acuerdas?

(*Sale detrás de* YOCASTA.)

PASTOR   Mejor no.

EDIPO   Mejor sí. Habla si no quieres que te obligue a
ello.

PASTOR   Yo... no sé...

EDIPO   ¡Habla! ¿Le diste un bebé a este hombre?

PASTOR   ¿Y qué más da? ¿Para qué remover ahora el pasado si podemos vivir en paz? Sí, le di un niño, sí. Lo hice.

EDIPO   Y ese niño, ¿de dónde salió?

PASTOR   Me obligas a decir algo terrible.

EDIPO   Y yo tendré que escucharlo porque ya es tarde para cualquier otra cosa.

PASTOR   La reina que ahora se acaba de ir me lo entregó.

EDIPO   Y de quién era.

PASTOR   Suyo, señor.

EDIPO   ¿Y cómo una madre pudo hacer tal cosa?

PASTOR   Layo tenía miedo a que se cumplieran las palabras del oráculo y algún día ese hijo acabara con su vida.

EDIPO   ¿Y tú, qué se supone que tenías que hacer?

PASTOR   Abandonarlo en el monte. Dejarlo morir.

EDIPO   ¿Y por qué no cumpliste tu parte del trato, desgraciado?

PASTOR   Me apiadé, señor, y se lo di a este buen hombre.

EDIPO   ¿Me apiadé, señor? ¿Y quién eras tú para apiadarte? Mirad bien dónde me ha traído vuestra piedad. ¡Ah, si simplemente hubieras hecho lo que te ordenaron! Nada más. Hubiera sido merecido pasto de los lobos, pero tú y tu maldita piedad le distéis a Layo sentencia de muerte y a mí una condena eterna.
(EDIPO *cae rendido.*)
Maldito sea yo, que ya no merezco nada. ¿No va a haber nadie que me encadene? ¿No vais a sacar vuestras armas para vengar a Layo? ¿Nadie quiere castigar a un hombre tan indigno como para engendrar hijos hermanos?

(EDIPO *entra al palacio. Queda solo* TIRESIAS, *que con su bastón va dando golpes rítmicos mientras dentro se oyen ruidos inquietantes.*)

TIRESIAS   Sabemos lo que pasó, que Edipo mató al padre y se casó con su madre, pero fue todo sin querer. Para conocer nuestros orígenes hemos de estar preparados: porque hay más lágrimas por las plegarias atendidas que por aquellas que nunca fueron escuchadas.

MENSAJ. 2   Se ha dado muerte a sí misma.
Yocasta ya no respira.
Se dio cuenta de los hechos y, arrancándose
  [el cabello, se fue corriendo a la cámara
  [nupcial a consumar su desgracia.

Se encierra a solas y sus gritos dominan el
[palacio.
Llega Edipo
Preguntando por aquella que fue su esposa y
[a la vez no lo era.
A golpes revienta la puerta
Y ve el péndulo de su madre mujer colgada.
Afloja el nudo.
La echa a tierra
Y sacando un alfiler de su cabello dormido
Edipo se hiere ambos ojos.

EDIPO   ¡No me habéis de ver más! Solo merecéis tinieblas.
¡Maldita sea toda mi raza!

MENSAJ. 2   Y se pinchaba de nuevo la cuenca de sus ojos,
mientras la sangre recorría sus mejillas.

TIRESIAS   Edipo necesitaba un castigo, no piedad. Pueden pensar que corrió a palacio a buscar el
consuelo de su mujer madre. En cualquier
caso, esa es solo la guinda de su tragedia: entrar y ver a Yocasta ahorcada. Hace falta el acto
de sacarse los ojos hasta quedar ciego para
medir su desgracia. ¿Cuánto dolor hay que
sentir por dentro para desgraciarse la vista
aposta? Bienvenido al club de los ciegos, querido Edipo, aunque nunca podrás predecir el
futuro sin regodearte en las casualidades que
hilvanaron tu tragedia. Manto, hija, ven, acércate a mí, necesito tus ojos.

MANTO   Pero si no me he movido de tu lado…

TIRESIAS   Ya verás que no es tan importante la familia como tener un lugar al que poder volver.

MANTO   Vaya, gracias.

TIRESIAS   No va por ahí, tonta. Tú eres mi ancla amiga. Siempre he dicho que mis amigos son mi verdadera familia. Si algún día dejara de creer en la amistad me suicidaría.

MANTO   ¿Y la ley?

TIRESIAS   Para el que está dispuesto a morir no hay ley que valga.

MANTO   No me refiero a eso. Estaba pensando ¿qué sentido tiene nuestro don frente al valor que establece la ley?

TIRESIAS   Son caminos distintos. Aunque a veces… Mira, ven, sigamos, que no decaiga la tragedia.

Antígona

Etéocles y Polinices *luchan con banderas.*
(Dido s Lament)

Tiresias   Cada guerra es una destrucción del espíritu humano. Ningún hombre debería ser tan insensato como para desear la guerra y no la paz. Una frase bonita ¿verdad? Pero de poco vale porque lleváis la guerra dentro. En la paz los hijos entierran a sus padres, en la guerra ocurre al revés, son los padres los que entierran a sus hijos.

           Con esta batalla a muerte entre hermanos empieza mi última historia. Uno, Etéocles, defendía Tebas; el otro, la atacaba o exigía su legítimo poder. Cuestión de bandos: los nuestros y ellos, derecha e izquierda, norte y sur. Ya saben, la cosa es construir enemigos para ensalzarse a su costa.

Antígona   Cada generación de hombres se cree destinada a rehacer el mundo en vez de pensar en algo más grande e impedir que el mundo se deshaga.

Ismene   Siempre fuiste palabrera.

ANTÍGONA   Mejor eso que ser sombra.
            ¿Te has enterado del edicto de Creonte?

TIRESIAS   De todas las bellezas surgidas de los males de
            Edipo, tengo una preferida. Esa niña, su hija–
            hermana Antígona.

ANTÍGONA   No hay dolor ni humillación que no hayamos
            probado en la serie de nuestras desgracias. Si
            los hombres tuvieran cabeza no tendríamos
            que pasar por todo esto.

ISMENE   ¿De qué hablas?

ANTÍGONA   Del edicto de Creonte que prohíbe enterrar a
            nuestro hermano. De la necesidad de enterrar-
            lo. De nuestra pequeña gran tragedia. Antígo-
            na e Ismene: dos hermanas que no pueden de-
            jar de pelear porque proceden de una estirpe
            maldita.

ISMENE   Siempre a lo grande. No puede ser simplemen-
            te «dos hermanas que no saben quererse bien».

ANTÍGONA   Lo que quieras. Una hermana soy yo, Antígo-
            na, la que no se dejó poner el yugo, la inopor-
            tuna. Otra eres tú, Ismene, la lacrimosa, la que
            siempre llega tarde.

ISMENE   Siempre elegiste el mejor personaje.

ANTÍGONA   Al final me dejaréis sola, lo sé; pero iré ergui-
            da por no haber sido cobarde. No tendré esa

chepa de mezquindad emplumada que ya asoma en tu espalda.

ISMENE   Nuestros dos hermanos, en un solo día, cumplieron su destino dándose muerte. ¿Quieres acabar con nosotras también ignorando el edicto?

ANTÍGONA   Cambiemos nuestra historia, acompáñame a enterrar a nuestro hermano. Dejemos que no ganen por un día.

ISMENE   ¿Y qué victoria es esa? ¿Qué vas a cambiar?

ANTÍGONA   Lo sabía. Yo seré la única en arañar la tierra.

ISMENE   Tú serás la única a la que le sangren las uñas por un hoyo que te llevará a la desgracia.

ANTÍGONA   De eso se trata, ¿no? De hacer lo que una ha de hacer, a pesar del miedo o el castigo, de llenar el hueco de nuestra deshonra.

ISMENE   ¿Eso crees? ¿O se trata de hacer lo que uno ha de hacer para distinguirse del resto? Te he sentido siempre señalándome y era como si yo no tuviera brazos para poder hacerte lo mismo. Si en el futuro te quieren será porque no te entendieron, porque en el fondo eres cruel, Antígona, por mucho que te disfraces. Y no, tienes razón; no te ayudaré a enterrarle.

CREONTE   A Etéocles, que ha muerto blandiendo valerosamente su lanza por la patria, he decretado que se le dé sepultura con todos los honores; en cuanto a su hermano Polinices, que, abandonando su destierro, ha venido a exterminar con el fuego su ciudad natal, a ese le he prescrito que ni se le sepulte ni se le llore; antes, que quede sin que la tierra le cubra para que sea pasto de las aves carroñeras. Quien entierre a este traidor encontrará su misma suerte.

TIRESIAS   Ahí tienen al nuevo rey sembrando con sus órdenes el altar de su desgracia.

ANTÍGONA   Dejarán que cien buitres mugrientos le saquen los ojos.

ISMENE   A los muertos no les duele.

ANTÍGONA   Has visto cómo tus dos hermanos encontraron la muerte, igual de patéticos, pero la afición de Tebas ya tiene su preferido.

ISMENE   Tú compites como ellos, pero lo ocultas con delirios heroicos. No pienso arriesgar mi vida por un muerto.

ANTÍGONA   Tú obedeces, que es más feo y cobarde.

ISMENE   Yo sé perder, que es más humano.

ANTÍGONA   Tú te rindes cuando la cosa se pone fea.

ISMENE   Tú, hermana, tienes tanta necesidad de que
            tu valor deslumbre que necesitas tener cerca
            la desgracia.

TIRESIAS   Ahí te acertaron, querida Antígona.

ANTÍGONA   Nos teníamos que haber querido más.

ISMENE   Un día nuestro padre nos gritó a todos, solía
            hacerlo a veces, solo que ese día la culpa era
            mía, cosa rara. Venía directo a mí, ya prepa-
            rado, cuando tú le llamaste abuelo.
            (ANTÍGONA y TIRESIAS *sonríen.*)
            ¿Por qué le llamaste abuelo?

ANTÍGONA   No me acuerdo; sería lo primero que se me
            vino a la cabeza.

ISMENE   Era como si ya lo supieras, aunque confun-
            dieras el parentesco. El caso es que él se giró
            ágilmente para cruzarte la cara. Y tú saliste
            con una soledad tan radiante que yo te empe-
            cé a odiar porque no quería ser tu sombra.
            Nunca quisiste entender que a los débiles nos
            rigen otros códigos y que, además, a fuerza de
            cohibición tenemos un tiempo –muy corto en
            la vida, pero certero– en el que somos más
            fuertes que nadie. Los muertos hallan descan-
            so donde sea, Antígona, en la tripa de los bui-
            tres o bajo tierra. Además, Polinices ha traído
            un ejército extranjero contra nuestra patria.

ANTÍGONA   Nuestra patria… la patria es un invento de los ricos para que los pobres les hagan caso. A lo mejor es hora de ser fuerte, ¿no crees? ¿Qué más da todo ahora que nada importa? También era tu hermano.

ISMENE   Alguien viene. Es Hemón.

ANTÍGONA   ¿Cómo lo sabes?

ISMENE   Siempre llama así, corto y suave.

ANTÍGONA   No le digas dónde estoy.

ISMENE   Te quedarás sola, Antígona, por querer correr más que nadie.

HEMÓN   ¿Y Antígona?

ISMENE   No quiere ver a nadie.

HEMÓN   Me da miedo lo que pueda hacer.

(ISMENE *le acaricia el pelo.*)

ISMENE   Tranquilo.

HEMÓN   Ya sabes cómo es. Mi padre ha prohibido que entierren a...

ISMENE   A Polinices, lo sé.

HEMÓN   ¿Y crees que tu hermana no hará nada?

ISMENE   Están muertos, Hemón. Estamos de duelo, qué importa lo que pase ahora que ya nada importa. Ven.

                  (*Le da un abrazo que la actitud de* HEMÓN *convierte en torpe.*)

HEMÓN   Tengo que verla. Tengo miedo de lo que pueda hacer.

ISMENE   Todo ha ocurrido ya, todo pasó hace mucho tiempo, con una maldición, una mancha sigilosa que nadie en esta familia sabe limpiar.

HEMÓN   La condenarán, Ismene. Mi padre no dejará que entierren a un traidor de la patria. ¿Está en casa?

ISMENE   ¡No quiere ver a nadie!

HEMÓN   Yo no soy nadie.

ISMENE   Déjala, te irá a ver luego. Me dijo que contigo sí hablaría, pero más tarde.

HEMÓN   ¿Cuándo?

ISMENE   Al caer la noche, bajo el olivo del campo de Marte.

HEMÓN   Dile que allí estaré y no la dejes hacer nada hasta entonces.

ISMENE   Hemón.

HEMÓN   ¿Qué?

ISMENE   Nada.

(HEMÓN se va. ISMENE busca la ropa de su hermana y se disfraza de ANTÍGONA. ANTÍGONA se acerca al cadáver de su hermano ahuyentando a las aves carroñeras. Comienza a enterrarlo.)

ANTÍGONA   ¿Cuándo se convierte una en un perro? ¿Cuándo decide una hacer daño? ¿Tú lo has hecho? Claro que lo has hecho, qué tontería, pero no me refiero al daño que nos hacemos todos cada vez que hablamos y queremos conseguir algo del otro. Hablo del día en que olvidas a las personas, el día en que te pasas al bando de aquellos a los que no quisiste pertenecer. ¿Cuándo crees que nos convertimos en el profesor mediocre, el esposo desganado, el jefe hijo de puta, el amigo tacaño, el padre que tira de autoridad a falta de argumentos, la mujer sumisa, la amiga envidiosa? ¿Crees que somos capaces de convertirnos en aquello que en su día odiamos con convencimiento absoluto? Nos hacemos realistas, dicen… lo que hacemos es dar el paso siniestro al que los Creontes de turno nos empujan. Bueno, lo hacéis, tampoco voy a ponerme yo ahora humilde. Alguien viene.
Te quiero, echaré de menos tu voz, me da miedo olvidarla.

CREONTE   Vaya, vaya. Yo pensaba que nadie se iba a atrever. Y que si alguien osaba hacerlo sería un hombre. Pero claro, quién si no tú, sobrina. En ese carácter indomable bien se conoce a la hija del inflexible Edipo.

ANTÍGONA   Tu edicto no ha sido decretado por los dioses: ellos jamás impusieron tales leyes a los hombres. Hay leyes no escritas, pero infalibles y eternas, por encima de tus normativas.

CREONTE   Estamos aquí y ahora, y la normativa se cumple.

ANTÍGONA   Todos piensan como yo, pero el miedo a tu presencia les sella los labios.

CREONTE   No me obligues al castigo. Una joven con ganas de morir es una loca.

ANTÍGONA   Más locos están tus queridos ciudadanos que se inventan historias con las que dar la espalda a los hechos. El número les hace cuerdos, nada más, por eso son los más peligrosos. Porque se cuentan historias bonitas para hacer como si el dolor no existiera y los números les cuadren.

(CREONTE *quita algo de tierra del cadáver de Polinices, agarra a* ANTÍGONA *sin que ella ofrezca resistencia y se la lleva.*)

CREONTE   Vamos, camina. Tendrás tiempo de pensar en una historia bonita.

(ISMENE –*vestida de* ANTÍGONA *– y* HEMÓN *en el Campo de Marte. Se abrazan. Tras unos instantes* HEMÓN *se da cuenta y la empuja.*)

HEMÓN   ¿Pero qué haces? ¿Dónde está?

ISMENE   Se la llevó Creonte, Hemón.

HEMÓN   Te dije que no hiciera nada.

ISMENE   Como si ella fuera de las que escuchan.

HEMÓN   Estará en las celdas de palacio. Vete a verla, que pida perdón, yo hablaré con mi padre.

ISMENE   Hemón.

HEMÓN   ¿Qué?

ISMENE   Nada.
(HEMÓN *se va.*)
¿Que por qué ella y no yo? Que yo sé todos tus gestos, que yo te conozco mejor que nadie. Que cuando me abrazas quiero ser yo y no la Ismene que me voy inventando en función de con quién hable.

TIRESIAS   Una vez Ismene soñó que Antígona colgaba una espada como si fuera un péndulo y bailaba arriesgando su vida. ¿Qué haces, loca?
Ver qué se siente, le dijo.
Para, ¡para!

Pero Antígona es mujer sin freno, no entiende que su hermana nunca quiera que pase algo.
Así que se pone de espaldas, extiende el brazo, y le pide que le avise cuando llegue la espada.
Para, ¡para!
No me digas para, que me puedo confundir
¿Y si me paro?
Esquiva la espada por poco y vuelve a extenderlo.
Esta vez no mueve su brazo. La espada lo corta. Antígona lo recoge y golpea a Ismene con él.

(ANTÍGONA *escucha desde su celda los trabajos del pozo en el que van a encerrarla.*)

ANTÍGONA   Los fieles ya construyen un hueco donde dejarme morir. No podrían matarme de una, no, prefieren que suplique y grite. Será un castigo ejemplar, desde luego, pero yo no pienso gritar.
(*Llega* ISMENE.)
¿A qué vienes?

ISMENE   No dejaré que te maten.

ANTÍGONA   Si he de morir, moriré. No te inquietes. Y te regalo a Hemón, al fin y al cabo tú eres quien le quiere de verdad.

ISMENE   Solo tienes que pedir perdón. Si lo haces no podrán denegártelo. ¿Me oyes? Te van a matar. Están cavando un pozo

ANTÍGONA   Lo sé. Lo escucho.

ISMENE   ¿Entonces?

ANTÍGONA   Entonces, ¿qué? No he hecho nada malo. Y morir, bueno, más muerta estaría de no haberlo hecho.

ISMENE   Siempre con la conciencia, como si fueras la bondad infinita.

ANTÍGONA   Tengo que pedirte algo. ¿Lo harás?

ISMENE   Si pides perdón, sí.

ANTÍGONA   Está bien.
            (ANTÍGONA *golpea a* ISMENE *en la cabeza y la deja inconsciente.*)
            No voy a pedir perdón, eso ya lo sabías, lo que quiero es que si se me ocurre gritar en el pozo me tires una piedra a la cabeza, una grande. No quiero que nadie oiga mis súplicas. Te temblará la mano, no te preocupes, respira hondo y podrás detener el temblor. Apunta entonces y tira fuerte. De un solo golpe es mucho menos doloroso. No me dejes morir a trozos y suplicante.

            (ISMENE *despierta.*)

ISMENE   ¿Qué ha pasado?

ANTÍGONA   Solo quiero que te vayas. Basta con que una de las dos muera.

ISMENE   No dejaré que te maten, ya perdí dos hermanos en un día. Tengo que hablar con Hemón. Y tú pide perdón, no puedes morir por una palabra.

(ISMENE *se va corriendo.*)

ANTÍGONA   Dile que lo siento. Que habríais estado todos mejor sin mí, pero yo no pude evitarme.

(HEMÓN *llega corriendo junto a* CREONTE.)

TIRESIAS   Otro hombre al que predecir desgracias. Otro desierto sonoro que cruzar hasta que ya sea tarde. Pero esta vez no aparezco hasta el final.

HEMÓN   ¿Qué vas a hacer?

CREONTE   Hijo mío: por muy difícil que sea hay que seguir las costumbres de nuestros mayores, respetar la voluntad de los padres y las leyes de la ciudad, eso es lo que nos diferencia de bárbaros y animales. Yo me esforcé por tener buenos hijos que sepan vengar a mi lado las ofensas de los enemigos. Antígona ha infringido conscientemente mis decretos y no puedo ponerme en contradicción ante los ojos de los ciudadanos: ha de morir. Si yo aliento la rebeldía en mis parientes, ¿qué será de los extraños? No hay mayor calamidad que la anarquía. La anarquía arruina los pueblos, lleva a la desolación a las familias y en los combates produce la confusión entre los guerreros y ocasiona las deserciones. En cambio, en la obediencia está la salvación y la seguridad de todos. Hay que saber mantener el orden en el Estado y no podemos tolerar que una mujer se nos imponga.

HEMÓN   Era su hermano, no lo olvides. A veces la piedad es el símbolo más elocuente para un gobernante.

CREONTE   Eso es dejarse humillar. No se pueden dictar leyes caprichosas.

HEMÓN   No lo verán así los ciudadanos de Tebas. No es eso lo que se escucha en la ciudad, créeme.

CREONTE   ¿Y son los rumores los que han de imponerme a mí las órdenes que debo hacer cumplir?

HEMÓN   Una ciudad no es ciudad si se la mira como propiedad de uno solo.

CREONTE   ¿Pues no se tiene como dueño de una ciudad al que la gobierna?

HEMÓN   En ese caso reinarás solo por el miedo que infundes.

CREONTE   ¿Has venido a acusar a tu padre?

TIRESIAS Manía persecutoria. No suele fallar.

HEMÓN   Si no fueras mi padre, diría que has perdido el juicio.

CREONTE   ¡Vil esclavo de una mujer! Y yo que pensé que podría enseñarte a gobernar.

HEMÓN   Padre.

CREONTE   ¿Padre? Siglos sin llamarme así y ahora… No dejes crecer la mala hierba, hijo; un día estarás donde estoy yo y te acordarás con orgullo de tu padre. Si uno da su brazo a torcer, aunque sea solo una vez, su poder se debilita por siempre.

HEMÓN   ¿Y si pide perdón?

CREONTE   ¿Antígona perdón? Parece que no la conoces.

HEMÓN   ¿Y si lo hace?

TIRESIAS Escúchale, Creonte, es eso o perder a toda tu familia.

HEMÓN   ¿Y si lo hace, padre?

          (*Silencio.* CREONTE *parece haber sentido las palabras de* TIRESIAS.)

CREONTE   Tendría que hacerlo en público y con las palabras adecuadas.

(HEMÓN *se apresura a coger con qué apuntar las palabras de su padre.*)

HEMÓN   ¡Adelante! Di lo que quieras.

CREONTE   Está bien. Que diga: «yo, Antígona, os pido perdón por insultar a Tebas con mi gesto. Yo, Antígona, como tebana, desprecio los ataques perpetrados...».

(ANTÍGONA *en la celda lee.*)

ANTÍGONA   Vaya, perpetrados, qué barbaridad, no sé si sabré decirlo bien, llegada la hora, «los ataques perpetrados en nuestro suelo y me arrepiento del desliz que me llevó a echar tierra sobre el cadáver de mi hermano. Espero que el magnánimo Creonte, a pesar de la gravedad de mi falta, vea que mis palabras son sinceras y tenga la bondad de levantar la condena que conforme a la ley se me ha impuesto».

(ANTÍGONA *cuenta las palabras.* TIRESIAS *entra imitando aves.*)

CREONTE   Respetable Tiresias, ¿qué te trae por aquí?

TIRESIAS   Me trae conducir tus pasos hacia la reflexión. En este momento te hallas al borde de un precipicio y debo hablarte.

CREONTE   Hasta ahora nunca me he separado de tu consejo.

TIRESIAS   Razón por la que hasta ahora has gobernado
               tan felizmente la ciudad.

CREONTE   Habla.

TIRESIAS   Las aves han hablado alto y claro, clamando
               con gritos salvajes y de mal agüero, desgarrán-
               dose las unas a las otras por el vehemente ba-
               tir de sus alas. Espantado acudí a hacer un sa-
               crificio en el fuego de los altares, pero la lla-
               ma brillante no salía de las víctimas, sino que
               la grosura de las piernas se derretía y se ab-
               sorbía en las cenizas, levantando luego una
               espesa y rugiente humareda, y quedando los
               huesos de los miembros dispersos y separa-
               dos de la grasa que los envolvía. Presagios fu-
               nestos de un sacrificio inútil. Y estos males
               han sobrevenido a la ciudad por tu causa: por-
               que nuestros hogares están repletos de los des-
               pojos de las aves y de los perros que se han
               acercado al cadáver del mísero Polinices. Los
               dioses, no aceptan nuestros sacrificios, ni la
               llama de nuestras víctimas porque se han abre-
               vado en la sangre de aquel cadáver. Medita so-
               bre esto, Creonte. Deja de herir a un cuerpo
               inerte. Y da sepultura al que se la has nega-
               do. ¿Qué valor hay en matar a un muerto por
               segunda vez?

CREONTE   Veo que venís todos como arqueros a lanzar
               vuestros dardos contra mí. ¿Quién te ha com-
               prado? ¿Ismene?

TIRESIAS   Me ultrajas calificando mis vaticinios de im-
            posturas. Si hay algo que precisamente no so-
            porto es la impostura.

CREONTE   Todos los de la casta hieromántica sois aficio-
            nados al dinero.

TIRESIAS   La raza de los tiranos es la que más ambicio-
            na el vil metal.

CREONTE   ¿No sabes tú que es a un rey a quien diriges
            tus palabras?

TIRESIAS   Al final, me obligarás a descubrir lo que me
            proponía tener sepultado en mi corazón.

CREONTE   Descúbrelo si quieres, siempre que no sea por
            dinero.

TIRESIAS   Tú y solo tú, Creonte, en tu cólera, has arreba-
            tado a los dioses infernales el cadáver de aquel
            a quien has privado de la sepultura y de los fú-
            nebres honores; para los que no tienen poder
            ni aun los númenes celestes. Las furias venga-
            doras, esas terribles criaturas del Hades, que
            persiguen el crimen para castigarlo, se apres-
            tan a enviarte una tremenda desgracia. Bien
            pronto oirás en tu palacio los lamentos de hom-
            bres y mujeres; y se levantarán contra ti las ciu-
            dades enemigas, las ciudades donde los perros,
            los monstruos salvajes y los buitres celebran
            los funerales con los pedazos del difunto.

CREONTE   Está bien, para. Que sepas que acabo de conceder el perdón a Antígona.

TIRESIAS   ¿Y dónde está ella?

CREONTE   En su celda. Pronto saldrá a pedir perdón y será libre.

TIRESIAS   Cuidado con poner condiciones.

ANTÍGONA   No era una palabra, Ismene, son 76. Debería aprenderlas, ¿no? Leído queda un poco raro. «Con mi gesto», dice. En los gestos nos encontramos, los gestos nos dan un espejo sobre el que poder comprendernos cuando las palabras faltan.

CREONTE   Ismene, tú que no le quitas ojo, ¿dónde está Hemón? ¿Dónde está mi querido hijo?

ISMENE   No lo sé, vendrá, por Antígona vendrá. Estoy segura. Gracias por perdonarla.

CREONTE   No me las des, trae mala suerte.

            (*Llega* HEMÓN. CREONTE *señala al balcón donde* ANTÍGONA *se asoma con el perdón en la mano.*)

HEMÓN   Gracias, padre.

ANTÍGONA   Yo, Antígona, os pido perdón (ANTÍGONA *mira el papel y en su gesto se va esbozando una sonrisa.*) por permitir esta farsa. Este castigo, tan merecido, llega tarde porque nunca creí en nuestra patria, y mal porque se me asigna la muerte cuando todo Tebas debería rendirme honores. Pero ustedes parecen conformarse con poco y prefieren mi ejecución. Les dará un poco de pena, quizás, pero nada serio, al fin y al cabo, quién era esa tal Antígona. Es lo que tiene no seguir el ruido de los que están por estar y no aceptar el silencio al que ellos se ven forzados. Todos calláis, todos, los que gobiernan lo saben, y eso que arriba, por mucho que finjan su gesto, solo llegan los cobardes. Qué le vais a hacer, sois hombres. Tapáis vuestros miedos con otros en lugar de combatirlos, y desplegáis mil dioses al mirar el firmamento. Mordéis la carne del anzuelo creyendo que al subir tendréis aire. Matadme, por los dioses, matadme, que no sentiré las ganas de pedir perdón ni en cien muertes.

(CREONTE *hace un gesto para que se la lleven al pozo.*)

HEMÓN   ¡No!

CREONTE   Yo quería perdonarla. ¡Hemón, espera!

(HEMÓN *mira a su padre a los ojos negando continuamente y sale corriendo.*)

ISMENE   ¡Hemón, espera!

(*Sale detrás. Silencio.* Ulises *se prepara para el sacrificio.*)

TIRESIAS A los pies del pozo-tumba de Antígona caerá Hemón muerto sobre su propia espada. Creonte asistirá allí, con el cuerpo de su hijo aún caliente, a su primera desgracia.

En el palacio, Eurídice, su madre, se quitará la vida al escuchar la noticia y dará a Creonte el remate de su tragedia. Yocasta, Eurídice, Penteo, Edipo, Creonte. Al final, las familias infelices se parecen bastante…

(*En el pozo, Ismene, ardiendo en lágrimas, cumplirá el último deseo de su hermana con el golpe certero de una gran piedra, dándole muerte.* Tiresias *se acerca al pozo.*)

Zeus, o Atenea, poco importa,

¿En serio me disteis larga vida como regalo?

¿De verdad pensasteis que predecir el futuro me traería algún bien?

Ese ser increíble que es el hombre se empoza en poderes minúsculos insultando las verdades que le salen al paso. Va inventando mentiras con las que sostenerse y te insulta si no confirmas sus delirios. Que lo hacía por dinero, decían, por poder… Andan como Narciso, embobados en la ilusión de un reflejo que jamás podrá complacerles.

Y tú, querida Antígona, eres la gota que colmó mi vaso. Manto, hija, ven, acércate a mí, necesito tus ojos.

MANTO Pero si no me he movido de tu lado…

TIRESIAS   Ya ves cómo no es tan importante la familia. Lo importante es tener un lugar al que siempre poder volver… Echa la vista atrás y mira todo lo ocurrido a la estirpe de Edipo… Lo importante es tener un lugar en el que sentirse a salvo.

III. *Las sombras del hades. De la verdad oscura del augur.*

TIRESIAS   Vamos, Manto. ¿Dónde estás? Es hora de dejar la ciudad. Tengo sed.
(MANTO se estremece, acaba de ver que es el momento en que su padre morirá.)
Lo has sentido, ¿verdad? Serás buena pitonisa, hija, ya lo eres. Me guiarás hasta las puertas del Hades. Y no te preocupes por tu padre; al contrario, ningún rey de turno me hizo retroceder y te tuve a ti, que siempre supiste contarme el volar de las aves con una precisión que hacía que las profecías salieran solas. Y no sufras, hija, cuando no quieran escucharte. Poco importa, también nosotros tenemos un destino escrito y por bajar la cabeza no vamos a cambiar nada, al contrario, dejaremos más solos a los seres humanos que de verdad importan. A los que parecen hechos de puro silencio y pobreza. Tengo sed, hija.

(MANTO le da agua fría de la fuente Telfusa.)

MANTO   Padre, cuando dices una y otra vez que hemos de encontrar nuestra verdad y saber vivir según ella, ¿de qué verdad hablas? A mi alrededor solo veo un mundo desmoronarse.

TIRESIAS   Me refiero, hija, a que hay algo sagrado en to-
            dos nosotros que está fuera del tiempo y por
            encima de nuestras circunstancias, por terri-
            ble que estas sean. Y cuando seamos capaces
            de reconocerlo estaremos fuera del tiempo y
            nos sentiremos –aunque solo sea por un mo-
            mento– libres de todo peso. Y esa verdad, hija,
            que no debemos nunca dejar de buscar, esa
            verdad lleva consigo la belleza del tiempo de-
            tenido: el pulso primitivo y luminoso que un
            día supo ocultarse ante nuestros ojos para so-
            brevivir a la hecatombe humana que estamos
            perpetrando. Búscala y cuando la encuentres
            aférrate siempre a ella: ese es el lugar en el que
            siempre estarás a salvo.

            (TIRESIAS *va quedando sin aliento, cansado de
            haber comprendido, en paz con el mundo. Sue-
            na «Dimmi Tiresia» de Vinicio Capossela.* ULI-
            SES *se acerca a realizar el sacrificio y libaciones
            con las que convocar a los muertos. Bajo el tex-
            to que sigue van surgiendo los cuerpos de* NAR-
            CISO, PENTEO, EDIPO, YOCASTA… *Al aparecer,*
            TIRESIAS *tiene la cabeza girada 180 grados. Para
            hablar con él,* ULISES *le ofrece un vaso con la
            sangre del sacrificio.*)

VOZ   (*En off.*) Cansado de tanto vagar, siguiendo el
            consejo de la maga Circe, Ulises convoca a
            los muertos para hablar con el adivino Tire-
            sias. Ulises quiere saber si por fin regresará
            a su tierra y en caso de regresar, cuándo lo
            hará. Tiresias, que –tal y como prometieron

los dioses– conserva el don de la profecía incluso muerto, responde: acabarás regresando, tarde y mal, en nave ajena y tendrás que lidiar con los pretendientes de tu esposa. Después coge un remo y emprende el camino hasta llegar a los hombres que no conocen el mar y cuando un hombre te pregunte por el extraño apero que llevas sobre el hombro, clava el remo en la tierra y realiza allí sacrificios en honor a Poseidón. Vuelve luego a casa y realiza sagradas hecatombes en honor a los dioses. De esta manera encontrarás la paz, ciudadanos felices y una muerte suave. «Gracias» dijo Ulises. Y, por primera vez, un hombre agradeció su profecía.

(ULISES y TIRESIAS *se despiden.* ULISES *se detiene.*)

ULISES   ¡Tiresias!

(TIRESIAS *se detiene. Su cuerpo frente a* ULISES, *la cara a su espalda.*)

TIRESIAS   Dime.

ULISES   ¿Te arrepientes?

TIRESIAS   Muchas veces.

ULISES   Digo de poder verlo todo y que nada cambiara.

TIRESIAS   ¿Es culpa mía?

(ULISES *sonríe, piensa que un poco sí es su culpa. Luego lo piensa mejor.*)

ULISES   No.
(TIRESIAS *sonríe, le cae bien ese muchacho de Ítaca que anda perdido.*)
Pero entonces ¿es mejor no saber?

TIRESIAS   Claro que no, pero a veces ayuda. Además, no veo todo, solo las preguntas que se destinan al augurio. El futuro me cansó, por eso hay preguntas que no quise hacer o preferí que no me hicieran, por poder vivir algo. En el fondo no me arrepiento de nada, el dolor enseña rincones del alma que te hacen fuerte si aprendes a domarlos.

ULISES   Gracias.

(*Suena* «Piano Trio in E–Flat» *de Franz Schubert.* TIRESIAS *emigra en su soledad renovada.*)

Esta primera edición de *Tiresias*,
de Joan Espasa, Carlota Ferrer y José Manuel Mora, terminó de imprimirse
en julio de dos mil veinticuatro,
en Madrid.